W0292147

Isabelle RUBIA TORANDELL

AU CŒUR DU TEMPS

Recueil de poèmes

LES PRESSES DU MIDI

© Éditions les Presses du Midi

Réalisation Les Presses du Midi - Impression Barnéoud

121 avenue d'Orient - 83100 Toulon
Tel. : 04 94 16 90 20 - Fax : 04 94 16 90 29

Dépôt légal : 3e trimestre 1997
ISBN : 2-87867-120-1

Dédié à mes enfants et petits enfants

La Poésie
est la réconciliation de l'Homme avec lui-même.

Préface

À vous qui lirez bientôt ces quelques strophes,
Tentez d'oublier le temps de cet ouvrage,
Grammaire et syntaxe pour entendre les mots.

Il est ici décrit, sentiments et passion
Douleurs et regrets, amours et tristesses.
Il est ici question de narrer le vécu,
Tant de miséricorde après tant d'épreuves,

C'est bien user de mots pour combattre les maux.
Inébranlable foi qui transpire de ces textes
Véhiculant si bien le message de la vie.

À vous qui lirez bientôt ces quelques strophes,
Prenez donc comme moi plaisir à entendre ces vers.
Critiquez s'il vous plaît mais surtout ne jugez.

Il est facile de trouver des êtres qui vous aiment
Mais bien plus difficile, d'en trouver qui vous aident.
L'auteur fait partie de ces gens, si rares,
Qui vous aiment en aidant et vous aident en aimant.

En lisant cet ouvrage vous lui rendez hommage,
Appréciez bien cet art, il naît au COUR du TEMPS.

À ma grand-mère,
Jean-christophe.
Affectueusement.

Enfant je vous aime
En toute saison
De fines dentelles
Ou frêles jupons.

RÊVERIE

J'aimerais caresser ton visage, enfant,
Et poser sur ta joue un baiser, et si j'ose
Me mirer dans tes yeux comme dans une rose,
J'aimerais conjuguer le passé au présent.

J'aimerais écouter battre sous ta poitrine,
Ton jeune cœur épris d'innombrables beautés,
Et, si tu le voulais, marcher à tes côtés,
Retrouver les chemins où fleurit l'églantine.

J'aimerais reposer ma main sur ton épaule,
Et pouvoir accueillir tes secrets, tes chagrins,
Petit enfant blessé, aux croisées des chemins,
Le cœur a ses raisons, rejoignant nos écoles.

J'aimerais, j'aimerais... , le rêve est fragile,
Tel un songe d'été aux portes de l'hiver,
Mais il me parait doux de te livrer ces vers
Tracés sur un feuillet, petite fleur gracile.

Image des beaux jours où les cœurs se confondent
Rien ne saurait manquer sous le soleil d'été
La mer a ses présents, et ses sources profondes
Que tes œuvres, Seigneur, soient immortalisées.

DERNIER RENDEZ VOUS

Déjà l'été s'en fuit, et le vent de l'automne
Traverse sur la mer, les vagues dénudées ;
Et le sable doré sur la plage, frissonne,
Offrant un terme d'or aux rêves attardés.

Un rayon de soleil se mire en silence,
Sous la froide caresse d'une vague en sanglots,
Qui vient mourir au creux d'un rocher qui s'avance,
Nonchalant et mué comme un dernier credo.

Les mouettes en passant de leurs ailes graciles,
S'élancent à l'horizon, implorant un asile,
Tandis qu'au firmament tout se tait et s'endort.

Au loin dans la futée, une ombre se dessine ;
Un rendez-vous d'été, là-bas lui fait un signe ;
Dans un dernier adieu qui se meurt sur le port.

La beauté n'a de prix
Que ce qu'elle vous apporte
Si le don est gratuit
Et vous ouvre ses portes.

PÂQUERETTES

Le printemps me fit ses avances
À la lueur d'un demi-jour ;
Et, le soleil me fit la cour,
C'est ainsi que je pris naissance.

Par un matin, sur la colline
Éclatante de volupté,
Parmi mes sœurs déshéritées,
Au fil des jours, je pris racine.

Nul ne prit soin de ma culture,
Au grès du vent, je me débats,
Livrée à mes propres combats,
Je suis promise à l'aventure.

Dressée sur ma tige fragile,
Timide, je m'offre aux passants ;
Je suis maître de mes présents ;
Liberté est mon domicile.

L'automne a aussi ses valeurs
N'oublie pas de les mettre
À l'heure.

VISAGES D'AUTOMNE

Sur le gazon jauni, des feuilles s'amoncellent,
Laissant apercevoir dans un dernier frisson,
leurs dernières beautés consumées par l'élan
D'une brusque volée de bourrasques rebelles.

Sous le ciel assombri, par de hideux nuages,
Le soleil a perdu son magnétique éclat;
Tout paraît sommeiller sur leurs derniers ébats,
D'une saison vaincue au terme du voyage.

Les hirondelles émues tiennent conciliabule
Sur le toit des maisons, rassemblées tour à tour
Sous leur plumage gris, sous forme d'une bulle
Assemblant leurs élans, en un geste d'amour.

Visage du retour des froideurs de l'automne,
Assise au coin du feu où je vais retrouver,
La chaleur du foyer et le chant monotone,
De la pluie et du vent, claquant sur les volets.

Qui accueille un enfant
Accueille l'univers.

BERCEUSE

Sur un berceau de blanches toiles,
Loin du bruit, repose l'enfant.
Les poings fermés, il va rêvant
aux multitudes des étoiles.

L'univers a fleuri sa couche,
Issue de la rose des vents ;
Et, dans la douceur du moment,
un papillon baise sa bouche.

Tandis qu'un rayon de soleil,
timidement sur les joues roses
de l'enfant endormi, se pose.

Dans le ciel un bruissement d'ailes,
couvre le chant du rossignol
sous les notes d'un Si bémol.

Parfois je me laisse surprendre
À murmurer : Oh mon enfant
J'aimerai encore vous apprendre
À cueillir la fleur des champs.

HIER ENCORE

Elles étaient si jolies, et si je m'en souviens,
C'est que le temps s'enfuit, et le passé demeure ;
C'était hier encore, et c'est déjà demain ;
L'automne revêtit de rêves ma demeure.

Je les revois encore se tenant par la main,
Marchant à petits pas, sur un air de vacances,
Le soleil plein les yeux, traverser les chemins
Qui menaient dans les champs, entourés de ronces.

Elles aimaient avant tout cueillir des pâquerettes,
petites fleurs des champs, enrobées de soleil,
Ou bien timidement sur un air de fête,
Me tendre leurs bouquets aux couleurs d'arc en ciel.

Les saisons ont passé tel un vol d'hirondelles ;
Les épis ont poussé, et le blé a mûri ;
La cueillette forme sur ce champs de marelle
Un immense jardin au semblant endormi.

C'est là, que chaque jour vêtue de souvenirs,
À l'heure du sommeil, j ' aime ouïr le vent
Murmurer ces refrains du temps où l' avenir,
Sur chacun d'entre nous, conjuguait le présent.

Il faut savoir grandir afin de pouvoir atteindre
le sommet de l'immortalité.

NOVEMBRE

C'est la saison des feuilles mortes ;
Au rendez-vous des souvenirs
Ma mémoire ce jour m'apporte
Des rêves baignés de soupirs.

Sous ces pins vêtus de silence,
Couchés sous le sol endormi,
Reposent près de mon enfance,
Mes vieux parents et mes amis.

Des chants d'oiseaux caressent l'ombre
D'une croix tissée de sanglots,
Et sur quelques feuilles qui tombent
Se déploie un dernier credo.

Sur cette terre qui fut nôtre,
Où vous reposez à jamais ;
Et que la mort a fait vôtre,
Rien ne pourrait vous séparer.

À la saison des feuilles mortes
Nous n'irons plus nous recueillir ;
Mais que nos pensées vous apportent,
Les plus beaux de nos souvenirs.

La solitude consume
Le Présent assume
L'espoir fait rêver.

AU DELÀ DU TEMPS

Ces mots que l'on ne s'est pas dit
Par pudeur ou par insouciance,
Avaient pourtant leur importance
Ces mots que l'on ne s'est pas dits.

Nous qui avions vécu ensemble,
Sans prendre le temps d'échanger
Ces propos, ces mots engagés
Avec l'amour qui les rassemble.

Aujourd'hui ces mots qui me blessent,
Pour ne les avoir prononcés,
Permets que je te les adresse
Avec mes plus belles pensées.

Et, si l'écho de ces mots tendres
Te parvient dans l'infini,
Au nom de ce qui nous unit,
Accueille-les sans trop attendre.

Pudiquement caché
Au fond de nos mémoires
Il est parfois des mots
Qui sombrent dans l'Histoire.

LE SILENCE DES MOTS

Une page jaunie, par le temps éphémère,
Reposée sans éclat, sur un livre froissé,
Discrètement enfouie au fond d'un coffre mère,
Paraissait, sommeillant sur l'ombre du passé.

Sous sa fragilité, et l'absence du temps,
Le silence semblait imposer sa mémoire ;
Rien ne laissait percer le secret du moment ;
Pas le moindre écrit pour conter son histoire.

Le silence des mots éprouvait la souffrance ;
Et, si rien ne semblait percer le désespoir,
D'une main attendrie voulant faire clémence,
Sur le feuillet jauni, j'ai fermé le tiroir.

Il est de par le temps, des feuillets qui reposent,
Pudiquement cachés au fond de nos mémoires ;
Le silence parfois, a le parfum des roses ;
Mais, leur fragilité a sombré dans l'histoire.

Que ta liberté te soit constructive ;
sinon ne l'accueille pas.

LIBERTÉ

Liberté, sur ton front est scellée ta victoire ;
Mon immortel aimé au bouquet de printemps ;
Ton hymne victorieux a traversé les temps
Et chante chaque jour au monde ta mémoire.

Liberté, liberté, sur tous les continents,
Flotte au ciel, l'amour, idéal emblème ;
Chacun porte en son sein, sur un simple" je t'aime",
Ton nom riche de paix, emporté par le vent.

Liberté, dans nos champs, nos maisons, nos campagnes,
Gardes en nous la foi, et restes la compagne,
De nos libertés, que vive ta grandeur.

Amour, battez tambour, hissez vos chants de gloire,
Au cri de liberté, Que vive sa mémoire ;
Semez à tous les vents, sur toutes les couleurs.

Comme l'eau vive a son parcours,
accueille la vie en retour

LE LONG DES COURS D'EAU

Je ne saurais vous dire, et cela sans conteste,
Le temps qui me fallut pour me joindre à vous ;
Mais ce don, je le sais, et cela sans prétexte,
C'est que je dus alors être au rendez-vous.

Mes fragiles parcours eurent raison du temps ;
Moi qui n'avais alors connu dans mes voyages,
Que la douce fraîcheur des galets sommeillant,
Et le bruissement d'ailes des oiseaux de passage.

Les rivages bordés, tout au long de la rive,
Serpentaient quelquefois, en passant mes élans ;
Et si, parfois je me portais à la dérive
Au courant de mes eaux, venait battre le vent.

Mes longues randonnées me conduisirent à la source,
M'offrant à bras ouverts, ses écueils mouvants,
Et, pour mieux savourer mes ultimes ressources,
Le clapotis des eaux recueillit mes présents.

Et si par un hasard, au cours de vos voyages,
À la croisée des chemins, ou à travers les bois,
Nos routes se croisaient, en longeant le rivage ;
Sur nos sites, ayez le respect qu'il se doit.

Vanité tout est Vanité
Au cœur de nôtre prime jeunesse
À chacun sa Notoriété
Ou bien son titre de Noblesse.

PLUMETIS

Ils n'ont pour tout avoir que leurs propres misères ;
Et le temps imparti, qui leur semble compté.
Ils n'ont rien demandé, leur venue sur la terre
Apparue sans éclat, l'ont-ils donc souhaitée ?

Ces enfants sans amour, aux visages sans gloire,
Aux regards sans éclat, et sans immensité,
Que le froid et la faim achèvent sans mémoire,
Dans un coin de la rue, au cœur de la cité.

Et si vous les croisez, ne soyez pas leurs juges ;
Mais seulement, ayez un regard attendri,
Sur l'innocent blessé évitez vos préjugés,
Que l'amour soit plus fort que vos cœurs endurcis.

Accueille à bras ouverts
Le printemps qui s'éveille
Et laisse-toi séduire
Par la beauté des choses.

PRINTEMPS SUR LA MER

Un parfum de rosée plane sur la colline,
Laissant apparaître un rayon de soleil,
Et dans l'intimité de ses heures divines,
L'aube semble bercer la douceur du réveil.

Image du printemps que la brise caresse,
Sur la mer reflétant la douceur du moment,
Sur son bleu éclatant, soudain un chant d'ivresse
Monte tel un écho, ravivé par le vent.

Tandis qu'un bruissement d'ailes, soudain s'agite
Laissant apercevoir en toute volupté,
Les mouettes charmées, par la douceur du gîte.

Sur le sable doré frémissant de murmures,
Les vagues dénudées achèvent sans compter
Les dernières brassées sans la moindre mesure.

L'amour a son titre de noblesse,
il est au cœur de nos faiblesses.

JOURS APRÈS JOURS

En souvenir de toi, en souvenir des heures
qui me parlaient de toi ; en souvenir de toi,
J'ai mis tout mon espoir et perdu ma pudeur,
En me confiant à toi, en souvenir de toi.

Le silence des mots perdant leur souffrance,
En te voyant souffrir, et tout cela pour moi ;
Ton visage meurtri, me parlait d'espérance ;
Toi, qui versas ton sang, et tout cela pour moi.

Et si ces souvenirs gardent leur souvenance,
Chaque jour, et bien plus dès le lever du jour,
C'est que l'espoir grandit cela en permanence ;
En souvenir de toi, cela jour après jour.

Ainsi de séquence en séquence
Pour avoir traverser le temps
Des souvenirs de notre enfance
Reste le rêve, ou l'illusion.

SOUVENIRS

Les souvenirs d'antan occupent ma mémoire ;
Le silence fait place aux rêves de la vie ;
Et la nuit mon amie me conte des histoires
Que j ' ois, évoquant mon passé asservi.

Je m'écoute tout bas, murmurer des paroles
Qui me font souvenirs lorsque j'étais enfant ;
Un clocher apparaît, une rue, mon école ;
Quelques larmes baignent mon visage brûlant.

Amis où êtes-vous ? que la vie s'effiloche ;
Ainsi de ces temps là restent les souvenirs,
Et cet air qui parfois sur mes lèvres s'accroche,
Venant me rappeler ce qui ne peut mourir.

S'il me fallait mourir, sans avoir vu la terre
Qui me vit naître alors, et grandir à la fois ;
Souvenirs, souvenirs...venez à ma fenêtre
Défiler lentement une dernière fois.

Plume asservie en nos mémoires
Porte-drapeau de tous les temps
Tu restes la plus belle histoire
De nos jours à la Création.

PARENTHÈSE

La plume entre les doigts posée sur un feuillet,
Ma pensée se débat à vouloir effeuiller
Les souvenirs du temps présent ; celui qui passe.
Et en mon cœur qui bat de retrouver l ' espace,
De remettre le temps à jour, sans sourciller,
Et pouvoir en mon Dieu, enfin me reposer.

Me reposer alors en mon dieu et ma plume,
Indissoluble lien où ma vie se consume,
Où le temps m. ' a terni à travers le vécu,
Sans jamais savourer la dîme du vaincu ;
Où le bonheur s'étend et le cœur s'abandonne
À l ' amour, au parfum de la dive madone.

Trouver en quelques mots la douceur de ma muse,
Sur un feuillet blanchi retrouver son écluse,
Laisser jaillir ses eaux retrouver son répit,
Ressourcer les échos du monde de l'esprit,
Parmis les verts sentiers rejoindre sa rive
Sous les ombrages clos sans la moindre dérive.

Où est la vérité, qu'il nous soit doux d'y croire
Serait-elle un vain mot, une page d'Histoire
Ou chacun à son gré épuise ses vertus
Serait-elle un enfant perdu dans la Cohue.

ORAGES

Un enfant a pleuré sur le bord d'un étang,
Et ses larmes de pluie étaient couleur de sang,
Rouges comme une rose que l'on cueille au passage ;
Et la terre s'est penchée pour sécher son visage.

Les nénuphars émus par la pitié des choses,
Ont formé sur le sable humide de la nuit,
Un lit, et caresse son visage morose ;
Et la lune a dansé sur l'enfant endormi.

Au loin, bat le canon, le froid et la famine.
Sur des fleuves de sang, l'enfer a restauré,
Tout un bouquet de fleurs parsemées de vermine,
Et semé des lambeaux de chair sur les pavés.

Et combien, ne sauront jamais, si cet enfant
Comme d'autres, eût pleuré, sur le bord d'un étang ;
Ou cherché un regard, avant de s'endormir,
Sans lueur d'espoir ou le moindre sourire.

L'Homme est à l'image du temps
Et surtout de son créateur
Devrait-il y vivre longtemps
Et savoir garder l'âme sœur.

LES PLATANES

Depuis cette saison ou l'on nous mit en terre
Nous qui n'avions alors point l'âge de raison
Parmi nos compagnons de joie et de misère
Suite aux intempéries, voire en toutes saisons

La nature aidant, accomplissant sa tache
Nous format sans jamais rompre ce grand défi.
Qu'il nous fût donner et que cela se sache
D'être formés alors, et comme cela se fit.

Offrant à bras ouverts à l'ombre du feuillage
Nos présents aux passants, assurant s'abriter
Du soleil pesant, ou parfois de l'orage
Ainsi depuis des temps que nous ne saurions compter.

Depuis cette saison où l'on nous mit en terre
Nous qui avons vécu de saison en saison
À vivre au grand jour et parfois centenaires
Au silence des mots s'ajoutent vos prénoms.

La sagesse est le prix de la rançon
Lorsque le cœur a trouvé sa raison.

APOSTROPHE

Mon miroir a soudain pris d'étranges facettes,
Semblant jour après jour vouloir me démarquer ;
Inexorablement jouant les troubles fêtes,
Sans la moindre pudeur, prêt à me démasquer.

Il a suffi ce jour d'un regard indiscret,
Posé sur ce dernier reflétant mon visage,
Lorsque m'est apparu sans l'ombre d'un regret,
Sous forme de sillon le signe du présage.

Les quelques cheveux blancs ajoutés à mes tempes,
Complétaient le décor caché jusqu'à ce jour.
Irrévocablement sans que cela ne trompe,
Au passé au présent, ou la fin d'un séjour.

Mon miroir m'a trahi et pourtant sans rancune,
Fidèle compagnon, j'aime le retrouver.
Filant jour après jour, sans la moindre lacune,
Sur le temps imparti, en me laissant rêver.

Souris, quand bien même ton sourire est triste
Car plus triste que ton sourire
Est la tristesse de ne pas te voir sourire.

VIEILLIR

Vieillir, c'est écouter le temps battre ses ailes ;
Avec au coin des yeux une larme attendrie,
Sur l'infinie beauté des merveilles du ciel,
Et le parfum soyeux des couleurs de la vie.

C'est accueillir le jour en toute confiance,
Heureux d'avoir vécu du passé à ce jour,
C'est fredonner parfois les chants de son enfance
Et se laisser bercer par ces hymnes d'amour.

Vieillir, c'est rassembler ses maux et ses blessures,
Afin de les offrir au pied du saint Autel,
Et retrouver la paix dans sa juste mesure
Avec au fond du cœur les couleurs d'arc en ciel.

C'est se savoir aimé, ou aimer sans retour ;
Sans jamais méditer en ses moindres mesures.
C'est ne pas contourner dans ses moindres détours,
Le regard du blessé, ou juger ses blessures.

Vieillir, c'est mesurer le temps sans trop gémir ;
C'est remercier le ciel et sa douce clémence,
Avec pour tout avoir les heures à venir,
Et retrouver enfin la paix et l'espérance.

Que ta vie soit féconde
Cela y va de soit
Sans pour cela suspendre
Tes surplus sous ton toit.

ET SI

Que la minute soit la minute du temps
Que la vie t accorde en ce monde subtil,
Où rien ne t'appartient, la seconde est fragile ;
Cueille-la sans gémir, et tu vivras longtemps.

Le monde t'appartient dès que paraît le jour ;
La nature frémit aux premières lueurs,
Accueille-la ainsi que l'on cueille la fleur,
Et sème son parfum en un geste d'amour.

Offres sans sourciller la minute présente
Au besoin qui s'étend dans son immensité,
Sans espoir de retour et donnes sans compter,
Ainsi tu trouveras, les heures plus clémentes.

Et si par un hasard, le temps surprend ta route,
Pour ne laisser en toi que la force des mots,
Trouves- en ces derniers la grâce du repos,
Pour louer le seigneur et chasser le doute.

Dédié à Sainte-Douceline
Le Pyanet.

RECUEILLEMENT

Que de fois à genoux, prostré devant l'autel
J'ai invoqué ton nom te cherchant du regard
Et toi mon doux Jésus, présent à mon appel
Semblait me murmurer, suis-je là par hasard

Écoute pieusement le silence des pierres
Qui frémissent à l'appel de ton cœur en émoi
Combien se sont prostrés en signe de prière
Sur ce sol ou ce jour tu me parles de toi.

Ils se sont endormis mais leur ombre demeure
Frémissante d'amour, n'entend tu pas l'écho,
De leurs balbutiements, que mon humble demeure
Exulte tes pensées, recueille tes credos.

Mesure le poids de la Pierre
Que tu tiens à lancer très haut
Elle pourrait retomber à terre
Et pourquoi pas, sur ton chapeau.

MÉDISANCES

Toi qui prends un malin plaisir
À user de la médisance
Cédant à tes propres désirs
Cela sans la moindre indulgence.

As-tu pris seulement le temps
De prendre la moindre mesure
Sur ce qui fait du sentiment
Le prix de profonde blessure

Tes bavardages sans répit
Prennent des formes accablantes
Sous la cible de ton mépris
Mêlant au doute la tourmente.

Il est des chemins qui se croisent
Sans avoir alors à y songer
Par-delà le temps où se toisent
Les souvenirs du temps passé

Qui sème au vent la tempête
Cueille le prix de la rançon
Rien ne se vend ou ne s'achète
Sache en tirer la leçon.

Qui parle de fatalité
A surtout perdu la confiance
Il n'y a point de Vérité
À travers nos indifférences.

CHANT D ' ESPOIR

Amis, pressons le pas, le temps est à l'ouvrage.
Au loin, dans la vallée, j'entends sonner le cor.
Au rythme des sanglots, une biche s'endort
Le regard effaré, couchée sur le feuillage.

L'aube ne paraît plus qu'un printemps sans soleil
La campagne se meurt, l'ombre se dessine
Sous le poids du béton, le blé se déracine
Paraissant à regret, repousser le sommeil.

Tandis qu'à l'horizon la faim dresse ses mailles
Rigide sous le soleil où germe l'ouragan
Des visages meurtris entendent à l'horizon
La faim fille cruelle, sonner leurs funérailles

Amis, pressons le pas, le temps est à l'ouvrage
Il faut battre, tambours, au rythme de nos pas
Ranimer les moissons, repousser le trépas,
Qu'un vibrant chant d'amour jaillisse du naufrage.

Que ta prière soit au cœur de tes pensées.

MA PRIÈRE

O mon maître, ma plénitude,
Mon compagnon de solitude,
Ma délivrance et ma douleur,
Mon refuge et ma tendresse,
Mon appel à la sagesse,
Mon pain rompu et sa saveur,
Toi qui te livres sur la coupe,
Écarte mes craintes, mes doutes ;
Que ton amour soit le plus fort ;
À travers les joies, et les peines,
Jour après jour, sans cri, sans haine,
Apprends-moi à aimer encore.

Mon maître, toi qui me connais,
O toi qui m'as tout donné,
Toi la présence dans l'absence,
Ma prière et mes accords,
Mon plus beau décor,
Mon souffle de vie, d'espérance,
Mon refuge et ma maison,
Donnes moi de porter ton nom
Au-delà des désespérances ;
Et si je chute quelquefois
Prends ma main, et relèves moi
J'ai tant besoin de ta présence.

O mon maître et mon bien,
Ma raison d'être, mon soutien,
Mon univers, ma vie, ma chance ;
Toi, au cœur de mes pensées,
Toi, le présent et le passé,
Toi, par qui je vis et je pense,

Toi, ma source de vérité
Mon chant d'amour, de liberté,
Mon confident, mon Dieu, mon maître ;
Toi que j'aime par-dessus tout
Soit à l'heure au rendez-vous
Lorsque j'inclinerai la tête.

POLLUTIONS

J'ai vu pleurer la mer par un jour de printemps,
Sur des nappes de boue que repoussait le vent,
Tandis que le soleil caressait sur la plage
La faune endormie sur le bord du rivage.

J'ai vu tomber l'oiseau de sa branche fragile,
Au milieu d'un étang loin des bruits de la ville,
Le soleil se couchait formant un reposoir
Sur l'innocent chassé de son humble perchoir.

Perdue dans la cohue j'ai vu tomber la nuit,
Aux portes de l'été sous son manteau de pluie.
Des ombres se pressaient perdues dans le brouillard,
Et la lune cachée pleurait de désespoir.

J'ai vu pleurer la mer par un jour de printemps,
J'ai vu tomber l'oiseau sur le bord d'un étang,
Des ombres se pressaient perdues dans le brouillard,
J'ai vu tomber la nuit vêtue de désespoir.

Il faut savoir rester debout
Sans devoir plier le genou

SAVOIR RESTER

Il faut savoir rester debout
À travers l'épreuve et le doute,
Même si cela nous en coûte,
Il faut savoir rester debout.

Partir sur les chemins battus,
Sourire à travers la souffrance,
Devoir garder les mains tendues
En une geste d'espérance.

Retenir ses larmes soudaines,
Semant parfois le désarroi,
Retrouver la douceur des bois,
Et s'en aller l'âme sereine.

Rester debout coûte que coûte,
Si les forces nous font défaut ;
Et, si cela ne nous en coûte
Garder l'espoir et le front haut.

Visage du Passé
Présent en nos mémoires
Aujourd'hui Trépassés
Vous fûtes notre histoire.

JE SAVAIS

À mon frère.

Je savais qu'il devait partir,
Sans espoir de lendemain.
Et qu'il me fallait lui mentir,
Inventer des touts et des riens.

Lui raconter ces mille choses,
Dont il aimait se souvenir.
Lui offrir comme une rose,
Son passé orné d'un sourire.

Je savais, sans vouloir y croire,
Si de ce temps je me souviens.
Que reste t- il dans ma mémoire ?
Soupirs aux croisées du destin.

Aujourd'hui le passé demeure
Comme un mirage de la vie.
Chaque jour, à travers mes pleurs,
Je le revois, il me sourit.

Et je m'écoute en silence,
Murmurer ces mots insensés,
Tu guériras, garde confiance,
C'était hier et je savais.

Heureux le voyageur
Démunis de bagage
Qui atteint le rivage
Sans porte de secours.

DEMAIN

Demain je m'en irai sans refermer la porte ;
Je sais que tu m'attends, qu'il me faudra partir.
La paix retrouvée ne laissera en sorte,
Pas le moindre regret sur tous mes souvenirs.

Il me sera donné, cela sans aucun doute,
De ne rien emporter pour ce lointain séjour ;
Ma demeure m'attend aux croisées de la route,
Il me sera noté voyage sans retour.

Demain je m'en irai, l'âme douce et légère,
Retrouver le repos ainsi tant attendu.
La mémoire enfouie au fond de ces chimères,
Qui parfois ont brisées, le meilleur de mon dû.

Et pour mieux savourer ces ultimes secondes,
Qui me sépareront des lianes de la vie,
Afin de retrouver le meilleur des mondes,
Le regard mi-clos fixé vers l'infini.

Je chercherai encore une dernière fois,
Ces visages chéris qui furent mon histoire ;
Indissoluble lien qui ravive ma foi,
Au seuil de mon vivant sans faiblir ma mémoire.

Je sais que tu m'attends, qu' il me faudra partir.
Le silence retrouvé me laissera en sorte,
Pas le moindre regret, sur tous mes souvenirs.
Demain je m'en irai, sans refermer la por

Il n'y a pas de plus grande beauté
que celle du cœur.

LES MAINS CREUSES

Ils n'ont pour tout avoir que leur propre misère
Portée au fil des jours, accrochée à leurs peaux ;
Ainsi qu'un ostensoir brûlant sur le calvaire,
Chacune de leurs plaies rivées dans leurs créneaux.

Leurs regards effarés assombrissent leurs visages,
Creusés par les sanglots que le jeûne a surpris,
Interminablement reflétant le sillage
Terni et sans éclat de ses êtres meurtris.

Chaque passant parfois prend la forme du rêve,
Les mains tendues vers eux dans l'espoir d'un écu
Et si le son n'émet que résonance brève,
Prolongeant leurs espoirs d'un met interrompu.

Leur présence parfois provoque des murmures
Parmi les bien pensants au ventre rassasié ;
Sauraient-ils jamais éprouver la mesure
Que le sort peut soudain à chacun réserver ?

Si le passé t'a fait défaut
Surtout ne fais pas marche arrière
Part d'un bon pied, et le front haut
Cueillir la rose printanière.

JE VOUS SALUE DRAPEAU

Je vous salue drapeau. Je t'aime la FRANCE
Qui me vit naître un jour, et grandir à la fois ;
Avec tout ce que fut à travers mon enfance,
Et l'écho de ton nom, et tout ce qu'il se doit.

Mais pourrais-je en toi garder la préférence,
Sans devoir repousser ce qui fut mon passé,
Où l'accent quelquefois fit ses différences,
Et la langue semblait souvent nous disperser.

S'il me fallait un jour avoir le plus beau rôle,
Et oublier tous ceux que je garde en mon cœur ;
Saurais-je avant tout repousser l'auréole,
Et rejeter ses fruits, mais garder l'âme sœur.

Je vous salue drapeau, mais je t'aime patrie
De ceux qui me donnèrent l'accent que j'ai gardé ;
Sans pour cela repousser ceux qui surent en partie,
d'avoir en l'occurence à nous identifier.

Avant que la mémoire
Ne nous fasse défaut
Nous laisserons la pluie
Tomber sur les carreaux.

PRÉPARONS L'HIVER

Préparons l'hiver mon ami,
Près du coin du feu dans la chambre,
Et écoutons, cachés dans l'ombre,
Pleurer, sous les arbres endormis,

L'oiseau frileux, les feuilles mortes
Et le vent souffler sur la mer.
Sous la pâleur de l'hiver
Ami, refermons notre porte.

À la lueur du petit jour,
À travers les carreaux opales
Nous laisserons la lune pale
Se pencher pour nous dire bonjour.

Préparons l'hiver, le printemps
Nous quitte et le temps éphémère,
Comme une dernière prière
Renferme nos rêves d'enfants.

Et sous le frémissant recul
D'un rayon de soleil de pluie
Nous écouterons dans la nuit
Le clapotis de la pendule.

Terre d'exil saurais-tu
Répondre au besoin qui se pose
Ou si cela nous était dû
De retrouver la vie en rose

IRLANDE

Sur cet havre de paix ou naquit la légende,
Qu'êtes vous devenus ? chers amis trépassés.
Du passé à ce jour, sur ce sol d' Irlande
Ou rien n'a pu ternir l'ombre du temps passé.

Terre de vos aïeux qui furent votre histoire
Ou naquirent la passion et les rêvcs égarés.
Qu'il vous soit doux d'aimer et garder la mémoire
Sans avoir à trahir l'ombre de vos aînés.

Vos maisons alignées et vos verts pâturages
Semblent vouloir défier les couleurs du temps.
À l'abri des rumeurs et de toutes saisons
Vos chaumières parées formant un long bocage.

Qui ne serait séduit par la douceur de vivre
A l'écoute du temps ou tout semble impartit
Ou l'écho des pipeaux ainsi qu' ' un bateau ivre
Sème aux quatre vents sa douce poésie.

Vos complaintes liées à vos chants nostalgiques
Semblent vouloir défier secrètement le temps
Sous le rythme joyeux de vos danses magiques
Empreintes de beauté simulées au printemps

Contraste émouvant sur vos terres arides
ou sommeille le temps secrètement enfoui.
Du fond de vos vallées aux couleurs limpides
Et la beauté tranquille de vos sites engloutis.

Ces vagues ondulées formant une Houppelande
Sur la plage grisée par ses élans fougueux
Offrant à la douceur de ses rives clémentes
Ses charmes sans pudeur au Kerry et ses Dieux.

Et ses lacs dormant de son Connémara
Ou se mire le ciel formant un long cortège
Sur ses rivages émus de Barna à Carna
Entraînant sa beauté sertie de sortilèges

Sur cet havre de paix hissé sans trop attendre
Vos mains surmontées de la fleur de Lys
Symbole émouvant que rien ne peut atteindre
Lorsque le cœur brûlant d'amour y fait son nid.

CHANT D'HIVER

Les feuilles tombent, le ciel est gris
L'Été succombe, tombe la pluie
Le vent frissonne dans les couloirs
L'Hiver fredonne son désespoir

Sous les nuages le soleil fuit
L'hideux orage qui le poursuit
Les ombres passent emmitouflées
Dans leurs godasses aux doux reflets

La lune pleur d'être cachée
En sa demeure si haut perchée
Les nuits prolongent nos doux sommeils
Et dans ses langes l'enfant s'éveille

Et sur sa branche, nu, dépouillé
L'oiseau se penche prêt à tomber
L'été succombe le ciel est gris
Les feuilles tombent, Tombe la pluie

Il y a parfois des lieux
Qui vous interpelle
Et dans lesquelles
L'on ne saurait
Se trouver mieux.

ENTRE NOUS

Elle n'a rien d'une Cathédrale
Mais que cela ne vous déplaise,
Pour moi elle est mon idéale,
Mon sanctuaire, et ma faiblesse.

Aller savoir encore pourquoi
En elle, j'ai mis ma confiance ;
La fidélité est en soi
Et porte ses références.

Elle a son vécu, il est vrai,
Son passé est en mémoire
Et ses illustres trépassés
En font revivre son histoire

Devrait-elle vivre centenaire,
Pour moi cela n'a d'importance.
Seul le présent a ses pairs ;
Je lui tire ma révérence.

Sainte-Douceline est son nom
Et si noblesse oblige
La sainteté n'a de caution
Qu'à ses valeurs sans litige.

Ô Toi qui scrute l'horizon
Croyant trouver la solution
Sous des formes parfois gnostiques
Du présent au monde antique

Sur tout ce qui vit ou meurt
À vouloir mettre tant d'ardeur
Pour trouver porte de secours
Accueille la vie en retour.

ÉVEIL

Mon Dieu que la Nature est belle
Dans toute sa sérénité
Nous offrant en sa nudité
La grandeur de ses merveilles.

Tout ce qui vit, et qui demeure
Dans toute son immensité
En toute seconde, et toute heure
Et ses nobles diversités,

En tout lieu et toute saison,
Des sommets aux neiges éternelles,
Des collines aux sables mouvants,
Mon Dieu que la Nature est belle

Au lever du jour, au couchant
Sous ses scintillantes étoiles,
Aux rayons du soleil levant,
À tout venant hissant les voiles.

Hyères, du fond du cœur
Je prononce ton nom
Écoute ma prière
Je t'aime, et, sans façon.

HYÈRES

Lorsque le jour paraît en sa douce clémence,
Laissant apercevoir en toute volupté,
Tout le charme troublant de la belle Provence,
La douceur de son site et sa dive beauté.

Ne vous étonnez pas si j'ai la préférence
En ce lieu où le temps n'a terni le passé,
Où son nom à ce jour porte la référence
Du sceau de ses illustres, aujourd'hui trépassés.

Ses avenues bordées de palmiers sommeillant,
Majestueusement dressés en leurs élites,
Paraissant s'incliner à tout premier venant,
Raniment la grandeur et le charme du site.

Et le doux gazouillis des oiseaux sur les branches,
Nichés sur leurs perchoirs à l'ombre des platanes,
Et le son du clocher à l'appel des dimanches
De St Louis à St Paul du haut de Barbacane.

Tandis que Notre Dame du haut de Costebelle,
Majestueusement posée sur piédestal,
Pose discrètement son regard maternel
Sur chacun d'entre nous, en parties égales.

Et ses îles dorées, ses presqu'îles et son port,
Ses plages ensoleillées et sa fureur de vivre,
Et le charme soudain à l'heure où tout s'endort,
Des vagues sommeillant, portées à la dérive.

Et le bruit incessant et strident des cigales,
Dès que paraît le jour à la belle saison,
Et ton nom formulé sur un fond madrigal,
Hyères, il me paraît doux de prononcer ton nom.

Il n'est pas de saison plus clémente, plus douce,
Sur son ciel coloré par la douceur du temps,
Et, si capricieux le mistral s'émousse,
Ne soyez pas surpris, c'est la faute au printemps.

RÉFLEXION

Lorsqu'il me faudra traverser les nuages
En arrivant là-bas, sans colis ni bagage
Voudra-t-on m'accueillir et ne point exiger
Et le cautionnement, et le prix d'un loyer ?

Comment sera bâtie ma nouvelle demeure ?
Et pourrais-je savoir le jour, ou bien l'heure où,
Là sans me demander mon consentement
Il me faudra partir cela sans condition.

Lorsqu'il me faudra traverser les nuages
Aura-t-on pavoisé pour marquer mon passage ?
Où se souviendra-t-on qu'ici-bas je n'avais
Ni revenus, ni moindre monnaie !

Sur quel trône pourrais-je donc reposer ma tête ?
De quelle forme sera ma nouvelle planète ?
Et sera-ce un enfer ou bien un paradis ?
Devrais-je y rester seule ou trouver un ami ?

Lorsqu'il me faudra traverser les nuages
L'arbre d'Adam et Eve aura-t-il fait naufrage,
Pour faire place au repos, à l'amour attendu
Dans le jardin du Père où chacun a son dû ?

Quel hymne chanteront les élus de là-bas
Et de quelle couleur se marqueront leurs pas,
Pour adorer alors l'éternel emblème
Où flottera au ciel ce simple mot JE T'AIME.